Sloterdijk / Trawny · *Unter der Platane*

Peter Sloterdijk / Peter Trawny

Unter der Platane

Ein philosophisches Gespräch

Klostermann Essay 3

Bibliographische Information der Deutschen Nationalbibliothek
Die Deutsche Nationalbibliothek verzeichnet diese Publikation in der Deutschen Nationalbibliographie; detaillierte bibliographische Daten sind im Internet über *http://dnb.dnb.de* abrufbar.

Gedruckt auf alterungsbeständigem Papier.
Satz: Marion Juhas, Frankfurt am Main
Druck und Bindung: Hubert & Co., Göttingen
Printed in Germany
ISSN 2626-5532
ISBN 978-3-465-04415-4

Vorwort oder
Über die Denkpause und das Lachen

Wer, wie ich, Anfang der Sechzigerjahre geboren wurde, ist mit Peter Sloterdijks Denken aufgewachsen. Gewiss, ich war bereits 19, als die *Kritik der zynischen Vernunft* erschien. Doch von da an wurde meine Zeit an der Universität von jenem eleganten Sound begleitet, der noch heute, mehr als dreißig Jahre später, zum Nachdenken einlädt. Und es ist überhaupt etwas Einladendes, Zuvorkommendes, ja Großzügiges an Sloterdijks Denken.

Als ich im Mai 2019 das Ehepaar Sloterdijk in Chantemerle-lès-Grignan, ungefähr 20 Kilometer südwestlich von Montélimar unweit der Rhône gelegen – ein Dorf, das »malerisch« zu nennen ein Understatement wäre –, besuchte, um mit Peter Sloterdijk ein Gespräch über das Verhältnis von Biographie und Philosophie zu führen, schloss sich daher ein Kreis meines Lebens. Dass dieser Kreis im Gesprächsthema selbst angelegt sein sollte, gehört im eminenten Sinne zur Philosophie. Denn eine Reflexion auf ihre lebensweltlichen Bindungen ist ihr unerlässlich. Darum sind philosophische Texte – mal mehr, mal weniger deutlich – Lebenstexte.

Zum Thema Biographie und Philosophie ließe sich vieles sagen. Mich treibt es um, weil ich immer mehr zur Einsicht gelange, dass Philosophie keineswegs eine neutrale und indifferente Wissenschaft ist, wie es manche ihrer akademischen Repräsentanten gerne behaupten, sondern eine Lebensform, die das Denken selbst als Leben und das Leben als Denken erfährt. Die Philosophie hat so keinen externen Zweck, sondern eine Motivation, die sich allein intrinsisch – eben vom Denken und Leben selbst her – begründet. In dieser Hinsicht ist sie näher an der Kunst und Literatur als an der Wissenschaft, deren Modell in der Moderne die vermeintlich neutral forschenden Naturwissenschaften liefern.

So entspannen sich an zwei schönen Tagen an jenem einzigartigen Ort unter einer leise schwingenden Platane im Hof des gastfreundlichen Hauses Gespräche, die in einem konzentrierten Austausch über das angesprochene Thema gipfelten. Er hatte, durchaus geplant, folgenden Verlauf: Es gibt eine Topographie des Denkens, ein Entstehen des Philosophierens an verschiedenen Orten des Lebens, aus der sich eine Topo-bio-graphie des Denkens ergibt; das wird mit Nietzsches Gedanken, dass es in der Philosophie »ganz und gar nichts Unpersönliches«[1]

[1] Friedrich Nietzsche: Jenseits von Gut und Böse. Vorspiel einer Philosophie der Zukunft. KSA [= Kritische Studien-

gebe, verknüpft; von dort aus war zu fragen, was das Philosophieren, wenn es die Biographie des Denkenden in sich aufnimmt, noch von der Literatur zum Beispiel Franz Kafkas unterscheidet; danach konnten wir überlegen, ob und inwiefern die Philosophie fähig ist, Liebe und Tod als zwei zentrale biographische Knoten zu thematisieren.

Gespräch – es gibt in der Philosophie seit Platons Dialogen eine Sehnsucht, das Denken in der Vitalität eines gelebten Ereignisses aufgehen zu lassen. Sokrates hat nichts geschrieben; eine radikale Stellungnahme gegen das Fixierende und auch Tötende der Schrift. Daher haben nicht wenige Philosophen seit der Antike versucht, sich an Platons Vorbild zu orientieren. Noch Heidegger schrieb Gespräche. Doch man muss sich klar machen, dass geschriebene Gespräche Geschriebenes bleiben. Das Lebendige des Gesprächs ist kaum wiederzugeben.

Bemerkenswert ist, was bei der Übertragung eines Gesprächs in die schriftliche Form verloren geht. Beim wiederholten Hören wird die Idiomatik einer Stimme so deutlich, dass die Reduktion auf den Wortlaut der Aussagen zerstört, was in der Lebendigkeit des Sprechens unüberhörbar ist. Und was bleibt von einem Gespräch übrig, wenn das, was an der Stimme einzigartig ist, verloren geht? Ich möch-

ausgabe] 5. Hrsg. von Giorgio Colli und Mazzino Montinari. De Gruyter Verlag / dtv: Berlin, New York u. München 1980, S. 20.

te nur zwei Elemente dieses Verlustes betonen: die Denkpause und das Lachen.

An verschiedenen Stellen des Gesprächs bricht Sloterdijks Redefluss abrupt ab. Er denkt nach – manchmal kürzer, manchmal länger. Diese *Denkpausen* lassen sich durch Gedankenstriche wiedergeben. Eine Pause im Denkfluss ist eine Unterbrechung. Sie ist demnach keineswegs mit einer Pause in der Musik zu vergleichen – jedenfalls nicht in der »klassischen«. Während dort die Sinneinheit eines Themas zunächst ausgespielt wird, um nach einer Pause mit einer anderen Sinneinheit anzuheben, lässt die Pause im Gespräch den Sinn implodieren. Sie bildet ein Zwischen, das unmittelbar eine gewisse Verwirrung stiftet, die erst verschwindet, wenn das Sprechen wieder in Gang kommt.

Denkpause ist so auch *Atempause*, ein sinn-volles Anhalten, Sich-sammeln des Lebens, um dann wieder über sich hinaus zu gehen, zum Anderen. Das Sprechen basiert ja geradezu auf dem Atem, einer der unmittelbarsten Äußerungsformen des Lebens. Er ist ein Rhythmus, der sich gerade in der Pause akzentuiert. Daher ist jenes Zwischen, in dem sich die Bedeutungen zunächst verlieren, geradezu ein Lebens-Zeichen. Philosophisches Sprechen ist wie das poetische ein solches Lebens-Zeichen.

Anders als die Denkpause kann man das *Lachen* nicht in einem graphischen Zeichen repräsentieren. Ich musste also mit dem Wort selbst wiedergeben, was im Verlauf des Gesprächs oft geschah, nämlich dass wir beide häufig und laut gelacht haben: »[...] ihr solltet *lachen* lernen, meine jungen Freunde, wenn anders ihr durchaus Pessimisten bleiben wollt; vielleicht daß ihr daraufhin, als Lachende, irgendwann einmal alle metaphysische Trösterei zum Teufel schickt – und die Metaphysik voran!«, schreibt Nietzsche. Und wirklich wird in der Philosophie allgemein sehr selten, wenn überhaupt, gelacht. Die Aristotelische Festlegung des Philosophierens auf den Ernst scheint wie ein Siegel die Geschichte der Philosophie erst zu beglaubigen. Der Ernst dient als Beweis der Wahrheit. Wer lacht, scheint kein Interesse an ihr zu haben.

Doch genau das ist ein Kurzschluss: »Über sich selber lachen, wie man lachen müßte, um *aus der ganzen Wahrheit heraus* zu lachen, dazu hatten bisher die Besten nicht genug Wahrheitssinn und die Begabtesten viel zu wenig Genie!«[2] Zur Wahrheit gehört die Befreiung vom Rechthabenwollen. Über sich selbst lachen zu können, ist daher keineswegs nur die Fähigkeit zur Selbstironie. Sie schon kann im Schreckenskabinett der Bierernsten vieles ausmachen. Aber wirklich über sich selbst lachen zu können, geht noch über diese Ironie hinaus. Man schafft so die Sphäre, in der Wahrheit, die niemandem gehört, erscheinen kann.

Das Gespräch, das unter jener Platane stattfand, ist das Echo einer guten, herzlichen Stimmung. Es

[2] Friedrich Nietzsche: Die fröhliche Wissenschaft. KSA 3. A.a.O., S. 370.

schweift in einem Themenpark, ohne sich einem Diktat zu beugen, irgendwelche Erkenntnisse und Resultate liefern zu müssen. Es verschwendet müßig die Zeit einer heiteren Begegnung. Was ich nicht abbilden konnte – das Summen der Insekten, den Wind im Baum, die sichtbare Aufmerksamkeit eines Hundes, den nassen Pelz einer ertrunkenen Maus, das Spielen von Licht und Schatten und die immense Gastfreundlichkeit – bleibt in meiner Erinnerung.

26.6.2019 — Peter Trawny

PS	Peter Sloterdijk
BS	Beatrice Sloterdijk
PT	Peter Trawny

Unter der Platane
Ein philosophisches Gespräch

PT Ja, jetzt.

PS Sieht man was?

PT Ja, jetzt funktionierts.

PS Ja, ja. – Wie lange ist das autonom, das Gerät?

PT Ich glaube, das dauert. Da können wir so lange sprechen...

PS Stundenlang, können wir gar nicht, okay. (*lacht*)

PT Ja, schön, dass das funktioniert, dass ich jetzt mit Ihnen einmal sprechen darf. Es ist ja ein wenig an Sie herangetragen, das Thema Philosophie und Biographie, aber vielleicht können Sie doch irgendetwas damit anfangen. Ich beginne mal: Wir sind jetzt, sitzen hier in Chantemerle unter einer rauschenden Platane. Das ist ein klassischer Ort der Philosophie: Sokrates und Phaidros sitzen, liegen unter einer Platane und unterhalten sich über den Eros.[1] Orte, welche Rolle spielen

[1] Platon: Phaidros. Sämtliche Werke VI. (Schleiermacher-Übersetzung), St. 229a. Sokrates und Phaidros suchen außerhalb der Stadt einen Ort fürs Gespräch: »Sokrates: So gehe voran, und siehe dich um, wo wir uns wohl

Orte für Sie in Ihrem Denken? Chantemerle zum Beispiel.

PS (*denkt länger nach*) Ja, für mich ist der Ort vor allem zweierlei, einmal der Wohnort, das ist für mich insofern besonders wichtig, weil ich durch ein sehr starkes Häuslichkeitsbedürfnis motiviert bin. Wohnen steht sicher an der ersten Stelle. Und der Ort ist dann für mich aber auch zugleich die Ortsveränderung. Ich bin sehr gern woanders. Ich hab nur nicht sehr gerne die Reisebewegung dazwischen, zwischen den Orten. – Jetzt ist es aber so, biographisch gesprochen, oder in Bezug auf den Charakter: Die Orte sind für mich deswegen natürlich auch theoretisch von Bedeutung geworden, weil ich sie von der Sphärentheorie her neu beschrieben habe, nicht? Also als diese räumlichen Verhältnisse, in denen die Stimmung der Existenz eingerichtet wird.

PT Und das wäre in Chantemerle eine besondere Kugel?

PS Ja, ganz, ganz sicher. Ich bin doch in den *Sphären*,[2] vor allem im ersten und dritten Teil, so weit gegangen, dass man keine Anthropologie machen könnte oder sollte, ohne den Vorrang des Ortes

setzen können. Phaidros: Siehst du jene höchste Platane dort? S: Wie sollte ich nicht? Ph: Dort ist Schatten, und mäßige Luft, auch Rasen, drauf zu sitzen, oder wenn wir wollen uns niederzulegen.«

2 Peter Sloterdijk: Sphären I bis III. Suhrkamp Verlag: Frankfurt am Main 1998–2004.

zuzugeben, das heißt da sind nicht Menschen, die sich irgendwo aufhalten, sondern es gibt Orte, in denen Menschen vorkommen. Ja, und dass die Orte selber eine Art anthropogene Bedeutsamkeit haben.

PT Sie kennen diesen Ort hier schon sehr lange, ja?

PS Ja, ja, das geht auf einen Moment in den Siebzigerjahren zurück, will ich mal glauben, in den Siebzigerjahren, während des Studiums bin ich mit einer Gruppe von Freunden hierher gefahren. Diese hatten im Jahr zuvor hier an einem Fluss in der Gegend gezeltet, hatten bei der Gelegenheit Einheimische kennengelernt. Und im Jahr darauf fuhr ich mit meiner damaligen Freundin mit. Da waren wir, glaube ich, sechs Personen.

PT Das liegt schon fast ein halbes Jahrhundert hinter uns...

PS Das ist sehr lange her, ja, das ist sehr, sehr lange her.

BS Entschuldigung, darf ich mal ganz kurz stören? Peter, da ist eine Maus im Pool und die lebt noch. Kann einer die eben retten?

PS (*lacht*)

BS Tut mir leid.

PT Ja, ich, ich machs.

PS Ja, einmal der Mausretter.

BS Die lebt noch, sonst könnten wir sie ja später holen.

PT Nein nein, ich machs schon.

PS Ah ja? Wo ist sie denn?

BS Die schwimmt da immer hin und her!

PS Im Schwimmbad?

BS Oh.

PS Oh, die möchte ich auch retten.

BS Ich hole mal eben einen Käscher, ich habe so einen Pool-Käscher. –

PT Die Maus ist mausetot – das musste ich jetzt sagen.

BS Dann musst Du die jetzt auch entfernen... Nein, nein, das kann ich nicht, bitte nicht!

Jule, der Hund, bellt. Stimmen.

BS Du Mausretter, Du.

PT Das war aber zu spät. Tja, schade.

PS Ja, da waren Sie wohl eine Minute zu spät.

PT In der Tat, leider, die kleine Maus. (*lacht*)

PS Ja.

PT Ja, (*lacht*) zurück zu Chantemerle. Ein halbes Jahrhundert sind Sie schon an diesem Ort. Machen Sie, können Sie Unterschiede machen zwischen Ihren Lebensorten, also Karlsruhe, Chantemerle und jetzt zum Beispiel immer mehr Berlin – oder München. Gibt es zu all diesen Orten unterschiedliche Verhältnisse, also unterschiedliche Sphären, auch unterschiedliche Stimmungen? Gibt es vielleicht eine Topologie Ihres Denkens, das sich zwischen diesen Lebensorten bewegt?

PS Ja, die Stimmungen der Häuser sind verschieden, nicht? Ich glaube, dass die Häuser so etwas sind wie verräumlichte Immunsysteme, und wenn man von einem Behälter zum anderen geht, wenn man die Wohnung auch als Container, also auch als Weltsimulationen betrachtet, dann ist natürlich jeder Umzug auch eine echte Umstimmung, ja, vor allem Umstimmung des Lebens, weil jede Wohnung auf eine andere Weise schützt und andere Dinge einlässt und andere Dinge ausschließt, in Bezug auf Geräusche, in Bezug auf Umgebung. Es gibt geruchsintensive Treppenhäuser, die den Aufenthalt an einem bestimmten Ort imprägnieren. Hab da mal eine Weile in Wien gewohnt, im dritten Stock eines sehr schönen alten Hauses, im Neuberger Hof, wo aber im Hinterhof, im Innenhof, die Küche einer Wiener Kneipe war, wo ständig die Gerüche von typisch österreichischer Küche nach oben gestiegen sind, das prägt sehr, nicht? (*lacht*) Und das ist mit der Zeit auch so ein Archiv an Geruchserinnerungen, die an verschiedenen Plätzen verschieden angesprochen werden können. Ja, und in den Wohnungen, die Wohnungen ändern sich auch manchmal mit den Partnerschaften, und sind dann auch aromatisiert durch die Parfums, die die Damen zu ihrer auratischen (*lacht*) Erscheinung hinzufügen. Diese Dinge spielen alle eine Rolle.

PT Es gibt also ein Verbindung zwischen Duft und Stimmung, ja, das ist…

PS Das ist schon so, das ist so, ja. Ich habe mich eine Weile auch mit der Geschichte der Erfindung des Air-Conditioning beschäftigt, im dritten Band der *Sphären*,[3] stelle ich auch die, die ersten Air-Conditioning-Systeme vor mit ihren verschiedenen Parametern so wie Temperatur und Luftfeuchtigkeit und diverse andere Modalitäten. Und später hat man in großen Kaufhäusern so etwas wie Atmosphären-Design betrieben durch den Zusatz von Duftstoffen, die dazu geeignet sind, so etwas wie einen psychischen Kaufzwang bei Klienten auszulösen, indem man so euphorisierende Additive in die Luftmischung eingefügt hat, so dass der Klient in leisen Euphorien durch diese Räume schreitet und wenn er herauskommt, hat er das Gefühl, dass er sich lange nicht so wohl gefühlt hat wie bei diesem Einkauf. (*lacht*)

PT ... eine Pheronomie des Kaufens ...

PS Ja, genau, das war ein Zeit lang in Amerika auf dem Prüfstand, bis dann solche Geruchsadditive auch unter Kontrolle gestellt wurden, tendenziell verboten wurden.

PT (*lacht*) Vielleicht ist das ein guter Übergang, der Duft. Einen Ort, einen Aufenthalt, glaube ich, haben Sie als für Ihre Entwicklung entscheidend bezeichnet, und zwar Ihren Aufenthalt in einem Ashram in Poona...

3 Vgl. Peter Sloterdijk: Sphären III. Schäume. Suhrkamp Verlag: Frankfurt am Main 2004, S. 154–191.

PS In Indien.

PT Indien verbinden wir ja auch vielfach und oft mit Düften.

PS Ja, sehr zurecht.

PT Ist das nach wie vor für Sie so, dass sie das als extrem wichtig für sich erfahren haben? Ich glaube, Sie waren ein Jahr dort?

PS Nicht ganz, nein, ich war ein knappes halbes Jahr da. Aber das war in der Tat wichtig. – Es war auch deswegen sehr wichtig, weil so etwas wie ein vollkommener klimatischer Umschwung damals stattgefunden hat. Wir sind im Dezember hingefahren, bis April geblieben. Und das ist eine Schönwetter-Phase in Indien. Man lernt dort eine Umwelt kennen, in der der Begriff des schlechten Wetters nicht mehr anwendbar ist. Man müsste länger bleiben, bis in die Monsunzeit, da sehen die Dinge anders aus. Aber es ist immer warm, immer angenehm, und – da kann bei einem geglückten Sommer in Europa auch so etwas wie ein Naturvertrauen zurückkommen, nicht? Das heißt, da tritt die Erinnerung an die Sintflut, die wir ja über unser babylonisches Erbe indirekt auch noch mitbekommen haben und von der her das kosmische Urvertrauen einen Schlag erhalten hat, von dem es sich nicht so ohne weiteres erholt, das tritt dann in den Hintergrund und man sieht plötzlich wieder eine befreundete Natur, also nicht die, über die wir gestern gesprochen, die mit der stiefmütterlichen Kargheit auf uns zukommt, sondern mit dieser Anmutung von einer endlosen Großzügigkeit, einer Fülle und einer Freundlichkeit.

PT Also, dann erinnern Sie sich auch an ein Klima, in dem Sie körperlich-leiblich wieder, ja, wieder wie in einer Kugel, in einer besonderen Kugel …

PS das ist (*lacht*)

PT in einer indischen Kugel sich befunden haben.

PS Ja, aber dort sind die Kugeln so konzentrisch geordnet, dass man sehr leicht aus seinem eigenen Raum herausgehen kann, und – ähnlich wie es in diesem phantastischen Aufsatz von von, na, – Nietzsches amerikanisches Pendant …

PT Emerson.

PS Emerson. Ralph Waldo Emerson. Es gibt von ihm einen bedeutenden Aufsatz, der heißt *Circles*, ja, *Kreise*,[4] und man tritt aus einem Kreis heraus und entdeckt, dass ein anderer schon einen größeren Kreis um ihn herum gezogen hat, und das entsprach dort sehr der Erfahrung. Es sind mehrere konzentrische Höhlen übereinander oder hintereinander gestaffelt, und auch wenn man ganz aus sich herausgeht, kommt man nur in einen erweiterten Begegnungsraum, wo man nicht vollkommen in den Abgrund geschleudert ist, weswegen alle Menschen damals – wenn ich

4 Ralph Waldo Emerson: Kreise. In: Ders.: Essays. Erste Reihe. Ins Deutsche übertragen und herausgegeben von Harald Kiczka. Diogenes Verlag: Zürich 1982, S. 231–248.

mich richtig erinnere – sehr mutig waren, sehr begegnungsfreudig, ja? Man hat es immer auf den Clash ankommen lassen, weil man davon ausgehen konnte, man gewinne immer dabei. Es waren immer Begegnungen ohne Verlierer. Man hat sich ausgetauscht über seine Eindrücke.

PT Wieviele Leute waren das in dem Ashram?

PS Da waren schon ein paar Tausend.

PT Aha, so viele?

PS Aber die haben nicht alle im Ashram gelebt, sondern die kamen zum Ashram am Morgen und sind dann – was weiß ich – am Nachmittag, in der größten Hitze, wieder in ihre Hotels zurückgefahren, in ihre Unterkünfte, und sind dann am Abend wiedergekommen, wenn irgendwelche Meditationen oder Musik-Events waren.

PT Ach so?

PS Das war sehr regelmäßig, ja.

PT Da haben Sie diese klassische, indische Sitar-Musik, Ragas und so etwas dort, diese Art von Musik gehört?

PS Das gab es auch. Aber es gab auch so einen Hofmusiker – wenn ich mich richtig erinnere –, er hieß, glaube ich, Swami Chaitanya, der Meditationsmusik komponiert hat, die man dort hören konnte, die man aber auch in deutschen Schallplattengeschäften kaufen konnte, vielleicht sogar heute noch. Ich weiß nicht, was aus ihm geworden ist. Aber sein Sound gehört sehr zu *dieser* indischen Welt. Und das ist natürlich so eine europäische anverwandelte orientalische indische Musik. Die echte indische Musik geht einem viel schwerer ins Ohr als diese synkretistische Form. Wie auch die Inder eine Form von Schlager haben, die uns nicht a priori einleuchtet.

PT Die ist mir nicht bekannt.

PS Es ist ja beim indischen Schlager auch so, dass zuerst die Musik komponiert wird und dann muss ein Dichter den Text dazu erfinden. Das ist eine merkwürdig auf den Kopf gestellte Reihenfolge, denn bei uns fängt es fast immer mit irgendwelchen Textzeilen an.

PT Ja, kann man sagen, dass von dort auch eine gewisse Spiritualität in Ihr Denken eingegangen ist. Würden Sie sagen, es gibt da schon eine Wirkung, auch wenn die sich nicht thematisch zeigt? Gibt es so etwas?

PS Ja, ganz, ganz bestimmt. Es ist ja auch so, dass ich zu diesem Zeitpunkt, was die philosophischen Einflüsse aus meinem Studium anbetraf, ja, beschränkt war auf die Elemente, die damals akademischer Mainstream waren, das heißt wir hatten einen sehr couranten Lehr-Marxismus, oft auch in einer Synthese mit Freudianismen, wir hatten in München durch die Anwesenheit von Waldenfels eine sehr authentische Version von einer modernisierten Phänomenologie, und wir hatten den Strukturalismus, um den auch die Germanisten damals nicht herumkommen konnten. – Und natürlich das Ganze unter dem Obdach der

Kritischen Theorie Frankfurter Schule in erster und zweiter Version, das war alles präsent. Und die Wirkung des Frankfurter Verdiktes gegen die Gesammelten Werke von (*lacht*) Martin Heidegger, deren Edition damals noch nicht so weit gediehen war, die wirkte zum Teil auch bis nach München weiter, nicht geradezu so, dass seine Schriften aus der Seminarbibliothek entfernt worden waren, das hört man ja über die Frankfurter Situation. Aber es war doch eine Art Bann, ein Bann gegen die, wie soll man sagen, die Freiburger Variante von Kritischer Reflexion.

PT Naja, diese Freiburger Variante, könnte man sagen, die befindet sich ein bisschen näher am indischen Denken als die Kritische Theorie. Vielleicht hat auch das Ihnen ein wenig den Zugang zu Heidegger ermöglicht oder mitermöglicht?

PS Ja und nein, ich habe ihn eigentlich erst nach der Rückkehr aus Indien systematisch gelesen und da fiel es mir wie Schuppen von den Augen, weil ich plötzlich eine Sprache gefunden habe, für Dinge, die man nun sagen konnte, ohne dass man allzu direkt diese indischen Sprachspiele über das Nicht-sagen-können, also, übernehmen musste. Von der indischen Denkweise her fängt das Schweigen viel früher an, als wenn man als Heideggerianer an eine Grenze des Ausdrucks gerät. Die Inder schweigen schon viel früher, oder sie reden unermüdlich darüber, dass sie schweigen (*lacht*) – was ja eigentlich das Hauptmerkmal der

Mystik ist, dass sie in Begeisterung gerät über ihre eigene Schweigsamkeit.

PT Naja, es würde sie auch nicht geben, wenn nur geschwiegen würde.

PS So ist es, ja.

PT Jetzt haben Sie schon über ihre Anfänge, auch über Ihre studentischen Anfänge gesprochen, ich möchte auf diesen Anfang eingehen, ich möchte da einmal etwas vorlesen, Sie haben das auch schon in einem Gespräch gesagt, das 2007 veröffentlicht worden ist. Und zwar: »Ich habe sozusagen als Toter angefangen. Eine komplizierte Geburt, eine Rhesus-Unverträglichkeit bei den Eltern, das reicht für einen Start als Beinahe-Toter.«[5] – Wer hat Ihnen das – Sie sprechen dann von einer starken Gelbsucht – gesagt? Hat Ihnen das Ihre Mutter erzählt?

PS Ja, ja.

PT Wobei wir damit wieder bei einer ganz besonderen Kugel wären...[6]

PS (*lacht*) Das ist wohl wahr, ja. Das ist so ein Motiv, das mich seit sehr langem beschäftigt hat, und zu dem es natürlich auch inzwischen eine Theorie gibt. Ich habe mich in meinen jüngeren Jahren viel mit Dilthey beschäftigt, habe auch Dilthey allmählich durch die Augen von Gadamer gelesen,

[5] Peter Sloterdijk im Gespräch mit René Scheu. Schweizer Monatshefte, Juni 2007, S. 34ff.

[6] Vgl. das Kapitel »Die Klausur in der Mutter« von Sloterdijk: Sphären I. Blasen. A.a.O., S. 257–327.

der in »Wahrheit und Methode«[7] ja ein paar sehr aufschlussreiche Abschnitte über den Zugang zur Geschichte auf dem Weg über die Autobiographie niedergeschrieben hat, nicht? Diltheys große Suggestion für eine Kritik der historischen Vernunft war, dass man das, was die Kategorie des Zusammenhangs konstituiert, vor allem aus dem autobiographischen Gedächtnis der Einzelnen herleiten kann. Der Mensch als ein Wesen, das sich an seine eigene Geschichte, an sein Werden erinnert, bis an den Punkt, wo er sich aber nicht mehr erinnert, sondern wo die aktive Erinnerung anstößt an die Mauer der Erzählungen seiner Eltern beziehungsweise seiner Vorfahren. Und das heißt, man ist in gewisser Weise darauf angewiesen, dass man von den Eltern über die Modi seines eigenen Zur-Welt-Kommens nicht belogen wird, denn üblicherweise erinnert man sich nicht daran. Es sei denn, man hat so leichtsinnige Experimente gemacht, wie ich und viele andere aus unserer Generation sie probiert haben, indem man mit der sogenannten Primärtheraphie versucht hat, auch durch Hyperventilation und andere etwas makabre Übungen, das Körpergedächtnis aufrufen wollte, um seine Eindrücke vom Geburtstrauma zu reaktivieren. Die

7 Hans-Georg Gadamer: Hermeneutik I. Wahrheit und Methode. Grundzüge einer philosophischen Hermeneutik. J.C. B. Mohr (Paul Siebeck): Tübingen 1990, S. 222–245.

meisten, die ich kannte, waren so glücklich, dass es bei ihnen nicht funktioniert hat. Bei mir hat es dummerweise funktioniert, und darunter leide ich heute noch machmal, weil dann eine noch tiefere Form der mémoire involontaire angezapft wird, als sie bei plötzlichen Entrückungen im Stile von Marcel Proust auftaucht. Und das unwillkürliche Gedächtnis gibt manchmal Erinnerungen frei, auf die man sehr gerne verzichtet hätte. Vor allem wenn man entdeckt hat, dass sie vermutlich nicht kathartisch abreagiert werden können. Der Begriff der Katharsis ist natürlich in der Psychotherapie insgesamt ein bedeutendes Konzept. Aber nicht alle Methoden arbeiten so. Vor allem weil Sie dann die Kontrolle nicht aus der Hand geben wollen. Wenn man sich einmal auf den kathartischen Weg begeben hat, dann stoßen Ihnen alle möglichen Dinge zu, die man besser gemieden hätte.

PT Ich finde das, was Sie gesagt haben, dass Sie da heute noch darunter leiden, unter dieser Wiederholung, bemerkenswert. Würden Sie vielleicht sagen, dass so eine gewisse Verletzlichkeit, Sensibilität Ihres Denkens auch mit so einer Leidenserfahrung zusammenhängt, mit einer solchen Traumatisierung, mit so einer, wie soll man sagen, wiederholten Traumatisierung? Gibt es so eine Verletzlichkeit, die für Sie in eine philosophische Sensibilität übergeht?

PS Ich glaube schon, ja, weil es einen disponiert zu einer bestimmten Art von Philosophie, nämlich einer, in der man – der Negativität viel größere Aufmerksamkeit zuwendet, als wenn man in einem gesunden Positivismus vor sich hin existieren würde, nicht? Es ist mehr so eine Affinität zu abgründigen Fragen da. Ich glaube, ich hab das auch einmal in diesem kleinen Bändchen »Zur Welt kommen – Zur Sprache kommen«[8] formuliert. Dass wenn man, zumal in einer Nachkriegszeit, zur Welt gekommen ist, in der noch atmosphärisch die Explosionen und die Bombardierungen und die Todesängste der Erwachsenen während dieser Angstexzesse, die bei Luftangriffen fast unvermeidlich sind, wenn das alles noch in der Luft liegt, und ein Kind funktioniert ja nach meinen Beobachtungen fast wie ein Röntgengerät für die feinsten Spuren von Regungen und Empfindungen in den Erwachsenen, dann nimmt man das auf, nicht? Und diese Nachklänge dieser dunklen Kindheitsnächte, das erkennt sich dann später vor allem in der Existenzphilosophie wieder, das ist fast unvermeidlich.

PT Es gibt zwischen dieser Äußerung, dass Sie als Toter angefangen haben, und dem ersten Satz der *Kritik der zynischen Vernunft* eine Verbindung,

8 Peter Sloterdijk: Zur Welt kommen – Zur Sprache kommen. Frankfurter Vorlesungen. Suhrkamp Verlag: Frankfurt am Main 1988.

worauf ich später noch einmal zurückkommen werde. – Aber Sie sprechen in dem Vorwort, das ich jetzt noch einmal gelesen habe, ja von einem »Schmerz-Apriori«[9] in Bezug auf Adornos Denken. Das haben Sie jetzt auch ein wenig für sich in Anspruch genommen. Gibt es auf dieser Ebene schon auch eine Nähe zu Adorno?

PS Ja, aller Wahrscheinlichkeit nach war das so. Im Übrigen hatte ich auch immer das Empfinden –, dass er nicht alles sagt. Und vor allem, dass er, ja, eigentlich immer in einer Maske gesprochen hat – durch seinen Zug zur Formvollendung. Also: Dieses ein wenig Dämonische, das im druckreifen Sprechen liegt, das war bei ihm extrem ausgeprägt. Und darin steckt natürlich auch eine traumatische Spur. Das Verlangen, die eigene Erscheinung zu kontrollieren, das hatte er merkwürdiger Weise auch mit Nietzsche gemeinsam, der ja zutiefst unglücklich wäre, wenn er wüßte, was man alles von ihm weiß. Er wollte ja nur der Autor der Schriften sein, die zu seinen Lebzeiten erschienen waren. Und er hat seinen Nachlass schutzlos zurückgelassen. Und der wurde dann natürlich sofort von der Schwester und einigen anderen systematisch ausgebeutet und dann gab es plötzlich ein Buch *Der Wille zur Macht*[10] und

9 Peter Sloterdijk: Kritik der zynischen Vernunft. Bd. 1. Suhrkamp Verlag: Frankfurt am Main 1983, S. 20f.

10 Friedrich Nietzsche: Der Wille zur Macht. Versuch einer

solche Dinge, das er ja hätte bei gegebener Gelegenheit groß erwähnen können, als er in *Ecce homo*[11] von seinen eigenen Schriften sprach. Das wird nicht einmal mit einem Nebensatz erwähnt. Aber er hat offenbar auch die Kontrolle über seine Imago verloren, so sehr er auch als Schriftsteller in dieser glänzenden Höchstform von Prosa und Dichtung sich zeigen wollte, hat er trotzdem den vollkommen Kontrollverlust hinnehmen müssen, und die Nachwelt konnte mit ihm machen, was sie wollte. Das ist dem Adorno nicht ganz so gegangen, weil er bis zuletzt die Hand auf seine Werke gehalten hat. Nur die Nachlassbände, die zeigen hin und wieder noch Spuren von Unfertigem. Aber dafür muss er sich nicht genieren, es waren alles trotzdem hervorragend durchgearbeitete Vorlesungen.

PT Wir sprechen jetzt natürlich auch über Philosophen, über Ihr Verhältnis zu den Philosophen. – Sie haben zum Beispiel im Vorwort zur *Kritik der zynischen Vernunft* gegen Ende ungefähr Ihre Großmutter erwähnt.[12] Ich weiß nicht, ob Sie sich noch erinnern?

Umwertung aller Werte. Mit einem Nachwort von Alfred Baeumler. Alfred Kröner Verlag: Leipzig 1930.

11 Friedrich Nietzsche: Ecce homo. KSA [Kritische Studienausgabe] 6. Hrsg. von Giorgio Colli und Mazzino Montinari. De Gruyter Verlag / dtv: Berlin, New York u. München 1980.

12 Sloterdijk: Kritik der zynischen Vernunft. A.a.O., S. 28:

PS (*lacht*)

PT Auf jeden Fall sagen Sie, Ihre Großmutter hätte häufig etwas über Kant und Schopenhauer zu Ihnen gesagt.

PS (*lacht*)

PT Ist Ihre Großmutter wichtig für Sie und ist sie initial wichtig für Ihr Verhältnis zur Philosophie oder sind Sie ohne Ihre Großmutter auf die Philosophie gekommen?

PS Nein, die Großmutter hat damit eigentlich nichts zu tun, außer dass sie über viele Jahre hinweg zusammen mit dem Großvater sozusagen ein Anlaufpunkt war, wenn ich von der Schule nachhause kam. Meine Mutter war ja berufstätig, und die Wohnung war leer, und meine Schwester war ja in einem Internat. Und ich bin immer nach dem Gymnasium zu meinen Großeltern nach Hause gekommen und habe meinem Großvater erzählt von meinen Erlebnissen in der Schule und von den Erfolgen, wenn ich einmal in irgendeiner Klassenarbeit in Latein oder Französisch, in Latein ist es mir selten passiert, aber im Französischen oder im Deutschen eine Eins bekommen hatte, dann hat er mir 5 Mark geschenkt, und ich durfte davon profitieren. Und: Das ist für mich

»Oft gab meine Großmutter, eine Lehrerstochter aus idealistischem Haus, stolz und respektvoll zum besten, daß Kant es war, der die *Kritik der reinen Vernunft* geschrieben hat, und Schopenhauer *Die Welt als Wille und Vorstellung*.«

der Archetypus von einer wertvollen Münze geblieben, das alte deutsche 5-Mark-Stück, ja, das sucht mich manchmal noch heim, wenn ich unsere Drift in der Inflation hin und wieder mal deutlich empfinde.

PT Ja, ich erinnere mich auch an dieses 5-Mark-Stück.

PS Dieses 5-Mark-Stück, das war so wirklich reiner Wert, ja? Ich meine, ein 1-Mark-Stück war auch schon was. Aber das 5-Mark-Stück war nun wirklich vielleicht das einzige europäische Äquivalent zu dem, was früher ein Dollar war. So stell ich mir das vor, dass Amerikaner so einen echten Dollar auch als einen fast amulettartigen Wertträger empfunden haben. So ging es mir mit dieser alten Münze. Und die Großmutter war diejenige, die dann immer was zu essen bereithielt und insofern auch an der Entwicklung meines, an der Wiederherstellung des Urvertrauens mitgewirkt hat, nicht?, und ein wenig für die Verwöhnung gesorgt hat, ohne die man nicht so leichtsinnig wird, wie wir es um 1968 herum waren. Also Leichtsinn als Gesamtlebensstimmung, ja.

PT 1968 – viele haben das auch mit einem kollektiven Vatermord in Verbindung gebracht. Sie sagen irgendwo, Sie seien ohne väterliches Element aufgewachsen.[13] Ihr Großvater hat das nicht ausge-

13 Peter Sloterdijk: Kündigung des Familienvertrages.

füllt, die Vaterrolle, weil Sie jetzt gerade Ihren Großvater erwähnt haben?

PS Vielleicht doch. Also zumindest einen Schatten dessen, was so Vaterschaft hätte sein können, ist schon von ihm vermittelt worden. Ich habe aber damals auch den Vater nicht vermisst. Ich habe ja gesehen, dass meine Eltern nicht zusammengepasst hatten. Und: Das erste sinnvolle Gespräch unter erwachsenen Menschen, wie ich mir das als Kind vorgestellt hatte, das fand statt zu einem Zeitpunkt, als die beiden sich über ihre Scheidung unterhalten haben. Das hat mir großen Eindruck gemacht, weil ich da plötzlich zum ersten Mal empfunden hab, meine Eltern sind erwachsene Menschen. Vorher waren sie nur irgendwie zerstritten und entfremdet und haben aneinander vorbeigelebt und da war einmal ein Gespräch.

PT Also das war nicht nur eine Blutgruppenunverträglichkeit...

PS Das war nicht nur die Blutgruppe, das muss man schon sagen. Das war eine kulturelle Dissonanz. Das war ein emotionaler Kategorienfehler. Meine Mutter war während des Krieges in Holland gewesen und war da so eine Art Assistentin bei der Überwachung von Radaranlagen, die Frühalarm für den Anflug britischer Bomber-

In: In irrer Gesellschaft. Verständigungstexte über Psychotherapie und Psychiatrie. Hrsg. u.a. von Kurt Kreiler. Frankfurt am Main 1980, S. 9–11.

flotten leisten sollte. Sie hat gelegentlich davon erzählt und gesagt, dass sei die glücklichste Zeit ihres Lebens gewesen. Und da hatte sie, glaube ich, auch holländische Freunde. Und als sie dann nach dem Krieg zurückkehrte zu ihren Eltern, Mutter und Stiefvater, da tauchte dann der Mann, der später mein Vater werden sollte, in der Karlsruher Region auf. Weil alle Brücken zerstört waren über den Rhein, hat er dort gelegentlich nachts Lastwagen über Pontons gefahren, wurde dabei einmal verhaftet und dann wieder befreit, weil der britische Offizier, der seinen Fall untersucht hat, ihn von Djakarta her kannte, wo er zuvor bei der holländischen Marine gewesen war. Dann traf er meine Mutter, und meine Mutter hatte damals so diese Holland-Projektion noch in sich und hat gesagt: Holländer, das könnte ja was sein! – Und sie war ja auch schon ein älteres Mädchen damals. Wenn man 1915 geboren ist und schreibt das Jahr 1945, da fängt das an, was bei Balzac *Die Frau von 30 Jahren*[14] heißt. Und das ist dann nur eine Höf-

14 Honoré de Balzac: Die Frau von dreißig Jahren. Rowohlt Verlag: Reinbek bei Hamburg 1956, S. 273f.: »Das Gesicht einer Frau beginnt erst mit dreißig Jahren ausdrucksvoll zu werden. Bis zu diesem Alter findet der Maler in ihrem Gesicht nur Milch und Blut, ein Lächeln und einen Ausdruck, das denselben Gedanken immer wiederholt, den Gedanken an Jugend und Liebe, einen

lichkeitsformulierung für die unbrauchbar gewordenen Damen. Nun gut, wir sind nicht mehr im 19. Jahrhundert. Aber vielleicht ein bisschen Torschlusspanik könnte bei meiner Mutter auch im Spiel gewesen sein. Und überhaupt war das ganze Land in so einer Das-Leben-geht-weiter-Stimmung. Und dann haben sie geheiratet. Und es kamen zwei Kinder, ziemlich zügig. Und danach war das Missverständnis mehr oder weniger evident. Hinzu kam, dass meine Großeltern den Holländer nicht gut leiden konnten, vor allem mein, der Großvater, der ja sehr so einen intensiven kleinbürgerlichen Bildungsglauben hatte, für den war der als unkultivierter und ungebildeter Mensch nicht wirklich anerkennenswert.

PT Aber Ihr Großvater hatte mit dem Krieg nichts zu tun?

PS Ja, mein Großvater war beim Zoll. Das hat ihn vor einer Einziehung gerettet. Wahrscheinlich sogar schon während des Ersten Weltkriegs, denn ich erinnere mich nicht, dass er Kriegserlebnisse erzählt hat. Aber der echte Großvater,

immer gleichartigen und nicht tiefgehenden Gedanken; im Alter aber hat alles bei der Frau gesprochen, die Leidenschaften haben sich in ihr Gesicht eingegraben; sie ist Geliebte, Gattin, Mutter gewesen; die größte Freude, der heftigste Schmerz haben schließlich ihre Züge verzerrt und zerquält, haben sich dort in tausend Runzeln eingeschrieben, die alle sprechen [...].«

also der erste Mann meiner Großmutter, der ist, ich glaube, schon im September oder Oktober 1914 an der Westfront gefallen. Und, naja…

PT Das war dann der echte Vater Ihrer Mutter.

PS Das war der Stiefvater meiner Mutter, und der echte Vater meiner Mutter war gefallen.

PT Ich verstehe.

PS Insofern gibt es da bei mir auch eine merkwürdige Einprägung. Mag sein, dass das mit diesem kindlichen Röntgenapparat etwas zu tun hat. Meine Mutter muss mir wohl dieses Schema auf einer unbewussten Ebene überspielt haben. Denn meine erste Frau war ein Kind mit einem ähnlichen Schicksal, nur aus dem Zweiten Weltkrieg dieses Mal, denn ihr Vater war ein Kapitän zur See auf einem deutschen Kriegsschiff, das in einer Schlacht irgendwo in nördlichen Gewässern untergegangen ist. Und sein Kind wurde posthum, ähnlich wie meine Mutter, Anfang Mai 1945 geboren. Meine Mutter wurde auch posthum im März 1915 geboren. Da war ein etwas unheimlicher Parallelismus zu beobachten. – Aber wie die Holländersympathie bei meiner Mutter entstanden war, das kann man, glaube ich, lebensgeschichtlich begründen.

PT Das war ihr Aufenthalt dort.

PS Das war für sie offenbar eine gute Zeit, sie fühlte sich, glaub' ich, auch nicht wirklich bedroht. Bedroht fühlte sie sich, als sie nach München zurückgekehrt war. Als dann die amerikanischen

Bombardierungen von München begonnen hatten, die über die Alpen abgewickelt worden sind.

PT Das, dass Sie ohne väterliches Element aufwuchsen… Sind da die Philosophen, über die wir gerade gesprochen haben, Nietzsche, Adorno, vielleicht irgendwann für sie zu Vätern geworden?

PS Nein, ich habe die nie wirklich als Väter wahrgenommen. Das wäre auch ein, wie soll ich sagen, ein emotionaler Kategorienfehler, zum Beispiel Adorno zu lesen in der Annahme, dass von ihm eine väterliche Vibration ausgeht. Das hat, glaube ich, nie jemand so empfunden. Weil man immer gespürt hat, im Zweifelsfall ist er das größere Kind (*lacht*), im Verhältnis zu meinen kindischen Bedürfnissen. Dass er noch größere hat, darauf kann man sich verlassen, nicht? Habe ich schon als junger Mensch gespürt und mich da gar nicht erst besonders angelehnt. – Nein, diese väterliche Schwingung, die kam von anderer Seite her. Ich hatte während einiger Jahre ein sehr herzliches und ein sehr gutes Verhältnis zu einem protestantischen Geistlichen, der auf eine fast irreversible Weise in mir so eine Ansprechbarkeit für Dinge, die aus der protestantischen Welt kommen, eingeprägt hat. Das geht nicht weg, auch wenn man es nicht mehr aktiv in sich selber reproduziert. So wie man auch, wenn man mal 30 Jahre lang Sozialdemokratie gewählt hat, das nicht ganz wegkriegt, auch wenn man heute über die Partei nur noch weinen kann, nicht? (*lacht*)

PT Das hört man viel. – Gibt es ein Sloterdijk-Archiv? Archivieren Sie Ihr Leben?

PS Ja, das ist besser archiviert als ich dachte. Ich habe vor einiger Zeit – aber zum Abschluss gekommen sind die Verhandlungen erst in diesen Tagen –, ich habe ja meinen Vorlass nach Marbach gegeben. Und dort ist ein genialer, wie soll man sagen, Archiv-Scout tätig, der mich mal besucht hat, in meinen Keller eingedrungen ist (*lacht*), mit meiner Erlaubnis, und mich gefragt hat, was ist denn in diesen Kisten, was ist denn in diesen Kisten – ich selber hatte Jahrzehnte lang da nicht mehr hineingeschaut. Und siehe da, der holt solche Stapel von meinen Studienmanuskripten heraus. Ich hatte als Student die Gewohnheit, jedes Buch, das ich gelesen habe, sagen wir mal im Maßstab 1 zu 10 zu transkribieren beziehungsweise so compte-rendus zu verfassen. Das hatte ich völlig vergessen. Das sind solche Berge. Wahrscheinlich einige Hunderte solcher Transkriptionen.

PT Briefwechsel – gibt es so etwas?

PS Briefwechsel nicht so sehr. Die sind auf eine andere Weise gespeichert. Das Briefschreiben ist bei mir –, ja, zu einem bestimmten Zeitpunkt meines Lebens auf der Strecke geblieben und zwar schon relativ früh, weil meine erste wichtige Freundin einmal in einem für mich nicht durchschaubaren Manöver sich von mir getrennt hat und alle meine Briefe verbrannt hat. Ich war damals beim Militär gewesen, ich habe ihr jeden Tag geschrieben.

Und ich habe zu der Zeit Cesare Pavese gelesen und hab Kafka gelesen. Das waren meine stilistischen Anregungen. Ich habe Pavese-Briefe geschrieben so bisschen im Stil seines *Il mestiere de vivere*[15] und habe auch so Kafka imitierende Briefe und dann einfach auch naive Liebes-Prosa und so geschrieben. Und ich meinte, das war eigentlich alles ganz schön und hätte ein besseres Schicksal verdient als in einem Badeofen verheizt zu werden. (*lacht*) Das hat mein Briefschreiber-Ego schwer getroffen, und es kam nicht mehr so leicht auf die Beine.

PT Das muss eine Verzweiflungstat gewesen sein.

PS Ja, war wahrscheinlich so, ja. Jaja, und die Briefschreiberei kam eigentlich erst wieder so richtig in Fluss, als ich Bea kennengelernt habe und als unsere Affaire, wenn ich so sagen kann, im Ernst begonnen hatte. Da lebten wir relativ viel getrennt noch, und wir haben sehr viel geschrieben. Während unseres ersten Jahres haben wir viereinhalbtausend Briefe ausgetauscht, was eigentlich nur über die mail-Technik möglich wurde. Das war ein dauerndes Fließgespräch, auch mit entsprechender Dankbarkeit der Technik gegenüber. Weswegen ich nicht der Meinung bin, dass Kafka recht hat, wenn er sagt: »Geschriebene Küsse kommen nicht an ihren Ort, sondern

15 Cesare Pavese: Il mestiere de vivere (Diario 1935–1950). G. Einaudi: Milano 1955.

werden von den Gespenstern auf dem Wege ausgetrunken.«[16] Das ist diese berühmte Stelle aus einem der Briefe an Milena.

PT Hm. – Ja, Sprache berührt auch, ja. Sprache ist auch Berührung. Sprache ist auch Liebkosung, kommt doch an.

PS Ja, kommt auch an. – Ich hab einmal ein Hörspiel gehört,[17] schon als junger Mensch, über den alten Casanova, der auf dem Schloss Dux in Böhmen sitzt und sich an sein Leben erinnert. Und das Hörspiel besteht gewissermaßen aus einem inneren Monolog Casanovas, der sich an den jungen Mann erinnert, der er einmal war, und an seine Ausstrahlung. Und da sagt er: »Ja, die Sprache war immer das Wichtigste. Meine Worte haben streicheln gekonnt, dass sich die Hände schämen mussten.« (*lacht*)

PT (*lacht*) Das ist sehr schön.

PS Ja, man muss sagen, das wäre die adäquate Antwort auf Kafkas epistolographischen Pessimismus.

PT Jaja, die Liebe beginnt doch bei den Worten. Eine wortlose Liebe, das ist wahrscheinlich undenkbar. – Jetzt gibt es schon den Vorlass in Marbach.

[16] Frank Kafka: Briefe an Milena. Erweiterte Neuausgabe. Hrsg. von Jürgen Born und Michael Müller. S. Fischer Verlag: Frankfurt am Main 1983, S. 302.

[17] Nach Mitteilung des Philosophen soll es sich um ein Hörspiel von Hans Kasper gehandelt haben.

Es gibt also die Möglichkeit, eine Biographie über Sie zu schreiben. Es gibt genug Material?

PS Ja, ich denke schon. Nicht für die Zeit bis zum Abitur. Das ist eher so eine obskure Periode. Aber ich hab von 1969 an bis heute – das sind wieviele jetzt? das sind, genau, 50 Jahre – kontinuierlich Notizhefte geschrieben. Anfangs noch in so einer kleinen Schülerschrift. Dann hat sich die Schrift im Laufe des Lebens mehrmals verändert und vor allem, sie blieb immer etwas labil. Wenn ich nervös war, fingen die Buchstaben an zu – purzeln und wurden dann etwas anarchisch. Die Nervosität hat sich sehr stark über die Hand übertragen. Und wenn ich in guter Verfassung war, ist dann wieder eine Art Schönschrift zurückgekommen. Diese Stimmungsbewegung ist auf der graphischen Ebene ganz deutlich. Und das läuft jetzt über fünfzig Jahre. – Der einzig schwierige Moment bei der Transaktion mit Marbach war der Moment, wo ich die Hefte 1 bis 140 oder was, oder 130, in zwei riesigen Kartons aus der Tür getragen sah. Und die verschwanden auf einem Kleinlastwagen, mit dem der Mitarbeiter von Marbach vor der Haustür stand. Das ist das Filet der ganzen Sache. Aber da kommen noch unzählige Entwurfspapiere dazu und die Festplatten meiner Computer nach 2000.

PT Ja genau, die Festplatte, das ist eben der Wandel im Archiv, natürlich. – Sie, nein, Nietzsche sagt einmal in *Jenseits von Gut und Böse*: Es gebe in der Philosophie »ganz und gar nichts Unpersönliches«.[18] Das ist eine starke Behauptung, nicht wahr? Für das Selbstverständnis universitärer akademischer Philosophie ist das eigentlich eine unmögliche Aussage. Wie würden Sie das sehen?

PS Ja, es gibt ja noch die Alternativformulierung bei Nietzsche, die ungefähr lautet, dass die philosophischen Systeme der Vergangenheit in der Regel auch unbemerkte Memoiren ihrer Verfasser sind.[19] Dem liegt ein ähnlicher Gedanke zugrunde. Die These, dass es gar nichts Unpersönliches gebe, ist noch schärfer, nicht? Weil sie doch das Allgemeine hinter dem Memoirenelement hervorkehrt. Das müsste man an einzelnen Autoren überprüfen. – Es gibt einen Philosophen-Typus, der ohne seine Selbstdarstellung nicht zu denken ist. Man kann zum Beispiel von Heidegger wahrscheinlich überhaupt nichts verstehen, wenn man

18 Friedrich Nietzsche: Jenseits von Gut und Böse. Vorspiel einer Philosophie der Zukunft. KSA 5. A.a.O., S. 20.

19 In einem Brief vermutlich vom 16. September 1882 an Lou von Salomé schreibt Nietzsche einmal: »Meine liebe Lou, Ihr Gedanke einer Reduktion der philosophischen Systeme auf Personal-Acten ihrer Urheber ist rein ein Gedanke aus dem ‚Geschwistergehirn [...].« Friedrich Nietzsche: Sämtliche Briefe. KSA [=Kritische Studienausgabe] 6. Hrsg. von Giorgio Colli und Mazzino Montinari. De Gruyter / dtv: München, Berlin und New York 1975–1984, S. 259.

ihn nicht ständig auch als so einen Zeugen seiner eigenen existenziellen Bewegung ansieht.

PT Also weil Sie das gerade sagen. Das erinnert mich daran, dass Hans Jonas Heidegger ja einmal als einen Zaddik bezeichnet.[20] Ein Zaddik ist, wie wir wissen, nicht nur ein religiös besonders heiligmäßiger Mann, sondern er ist ein solcher Lehrer, dass, ich glaube, Buber die Geschichte einmal erzählt, dass sich die Schüler eines Zaddiks unter seinem Bett versteckt hätten,

PS (*lacht laut*)

PT um ihren Meister bei der Ausübung der entsprechenden Tätigkeit zu beobachten.[21] Und in der Tat hat ja Derrida vielleicht gar nicht aus heiterem Himmel in einem Interview gesagt, er würde gern wissen, wie Hegel und Heidegger mit ihren Frauen geschlafen hätten.[22] Würden Sie so weit gehen, würden Sie sagen, dass die Philosophie

[20] Hans Jonas: Erinnerungen. Hrsg. von Christian Wiese. Insel Verlag: Frankfurt am Main 2003, S. 109.

[21] Vgl. Die Geschichten des Rabbi Nachman ihm nacherzählt von Martin Buber. Ruetten und Loenig: Frankfurt am Main 1916, S. 57ff. sowie Martin Buber: Die Erzählungen der Chassidim. Manesse Verlag: Zürich 1949, S. 21ff.

[22] Zitiert nach Benoît Peeters: Jacques Derrida. Eine Biographie. Suhrkamp Verlag: Berlin 2013, S. 10: »Warum stellen sich Philosophen in ihrem Werk als geschlechtslose Wesen dar? Warum haben sie ihr Sexualleben aus ihrem Werk herausgehalten? Warum sprechen sie nie über persönliche Dinge?«

eine Lebensform ist, die sich in den Leben dieser Philosophen verkörpert?

PS Ich glaube, da gibt es eine typologische Skala. Es gibt Autoren, bei denen das im höchsten Maß der Fall ist, wie auch Wittgenstein zum Beispiel ohne seine selbstdarstellende Seite gar nicht zu begreifen ist, Nietzsche natürlich ebenso, dieser Typus, und auch Schopenhauer in einem gewissen Ausmaß. Andererseits – selbst Fichte, der ja gemeinsam mit Hegel in der Illusion gelebt hat, dass in seinem Werk die Philosophie sozusagen die epistomologische Schwelle überschritten hätte und von da an nicht mehr nur Liebe zur Weisheit, sondern wirkliche Wissenschaftslehre, wie auch Hegel einmal schreibt, dass die Philosophie den kränkenden Namen einer bloßen Liebe zur Weisheit ablegen dürfe und Wissenschaft der Weisheit geworden sei, gehört dazu.[23] Wie es bei Hegel steht, kann ich selber nicht so ganz recht sagen. Ich glaube, dass es sich bei ihm um eine heftig kompensierte Depression handelt. Aber bei Fichte war es anders, der war ja ein wasch-

[23] Georg Friedrich Wilhelm Hegel: Phänomenologie des Geistes. Werke 3. Auf der Grundlage der Werke 1832–1845 neu edierte Ausgabe. Redaktion Eva Moldenhauer und Karl Markus Michel. Suhrkamp Verlag: Frankfurt am Main 1970, S. 14: »Daran mitzuarbeiten, daß die Philosophie der Form der Wissenschaft näherkomme – dem Ziele, ihren Namen der *Liebe* zum *Wissen* ablegen zu können und *wirkliches Wissen* zu sein –, ist es, was ich mir vorgesetzt.«

echter Maniker (*lacht*), und ihm fiel es gar nicht schwer zuzugeben, dass die Philosophie den Menschen ausdrückt: Welche Philosophie man wähle, hängt davon ab, was für ein Mensch man sei,[24] ist eines seiner Leitworte gewesen. Und das bedeutet in seinem Fall: Wenn man ein edler Charakter ist, dann macht man Idealismus. Und die Gemeinlinge, die wählen dann diese anderen schmuddeligen Optionen mit den materialistischen und naturalistischen Reduktionen. Das hat damit zu tun, dass im edlen Charakter das Freiheitstemperament sehr stark ist. Und bei den anderen ist eine unterwürfige Tendenz da. Auch eine Tendenz zur Verantwortungslosigkeit. Aus allen naturalistischen Erklärungen hört man immer heraus: Ich war es nicht, die Natur ist es gewesen, nicht? In dem Zusammenhang darf man ja auch meinen persönlichen Lieblingssatz aus Fichte zitieren. Er sagt einmal: Die meisten Menschen würden leichter dahin zu bringen sein, sich selbst für ein Stück Lava vom Monde zu halten, als für ein Ich.[25] (*lacht*) Also er hat den Gegner

[24] Johann Gottlieb Fichte. Erste Einleitung in die Wissenschaftslehre. Gesammelte Werke Bd. 1. Hrsg. von Immanuel Hermann Fichte. Walter de Gruyter & Co.: Berlin 1971, S. 434: »Was für eine Philosophie man wähle, hängt sonach davon ab, was man für ein Mensch ist [...].«

[25] Johann Gottlieb Fichte: Grundlage der gesammten Wissenschaftslehre. Gesammelte Werke I. A.a.O., S. 175: »Die meisten Menschen würden leichter dahin zu

genau im Auge und er typologisiert auch schon, und dass seine Philosophie, so gesehen, den Charakter eines Selbstportraits hat, das ist ganz klar. Das sieht man vor allem in diesem Gedicht mit dem Auge der Urania. Ist Ihnen das gegenwärtig? Wo er sagt: Seit dieses Auge der Urania in mich, seit ich in sie hineingeschaut habe, in dieses Auge der Urania, da brennt diese Flamme des anderen Auges sozusagen in mir selber im Augenhintergrund und es sieht mir im Sehen und lebt mir im Leben.[26] Das geht dann von einer Art Urbegeisterung aus und ich bin nur ein vorgeschobener Posten einer solchen göttlichen Sehkraft. Das ist sein Konzept. Und das ist immer ein Selbstportrait. Und auch Evokation. Ich mein, *Die Reden an die deutsche Nation*[27] sind zwar für heutige Leser makaber, aber sie sind ein phantastisches Sprachkunstwerk.

PT Nehmen wir so etwas wie die *Apologie des Sokrates* als einen der Urtexte europäischen Philosophierens, dann wäre Philosophie ohne

bringen seyn, sich für ein Stück Lava im Monde, als für ein *Ich* zu halten.«

26 Johann Gottlieb Fichte: Sonnette. Gesammelte Werke XI. A.a.O., S. 347: »Das ist's! Seit in Urania's Aug', die tiefe / Sich selber klare, blaue, stille, reine / Lichtflamm' ich, selber still, hineingesehen: // Seitdem ruht dieses Aug' mir in der Tiefe, / Und ist in meinem Sein – das ewig Eine, / Lebt mir im Leben, sieht in meinem Sehen.«

27 Johann Gottlieb Fichte: Reden an die deutsche Nation. Gesammelte Werke VII. A.a.O., S. 259–499.

Selbstdarstellung, ja, was soll man sagen?, ein Selbstmissverständnis? Also eine Philosophie, die den Anspruch stellte, nichts anderes als Wissenschaft zu sein, das wäre ein Selbstmissverständnis?

PS Das wäre dann das völlige Selbstmissverständnis. Aber das gelingt selbst den größten Geistern nicht durchwegs. Ich habe mich einmal eine Weile mit der Geschichte der Unendlichkeitsidee beschäftigt und kam zu der merkwürdigen Konklusion, dass die stärksten Beiträge zu dieser Theorie nicht ganz unabhängig sind von den religiösen Hintergrundprägungen dieser großen Mathematiker. Bei Brouwer findet man Züge einer sozusagen protestantisch-calvinischen operationalisierten Unendlichkeit, bei Cantor kommen katholische Elemente mit heraus. Es gab auch noch einen jüdischen Beiträger zu dieser Debatte, der mir im Moment nicht einfällt.[28] Selbst bis ins mathematische Detail setzen sich manchmal biographische Prägungen durch. Nur dass man die nun nicht als Memoiren charakterisieren kann. Aber dass sich das Denken ganz von jeder lebensweltlichen Grundierung abhebt, dass ist, glaube ich, nicht mehr plausibel zu machen.

[28] Möglicherweise denkt PS an Adolf Abraham Halevi Fraenkel (17. Februar 1891 bis 15. Oktober 1965), der mit Ernst Zermelo die Zermelo-Fraenkel-Mengenlehre entwickelte.

PT Dadurch gibt es sicherlich, nehme ich an, auch bei Ihnen eine Nähe der Philosophie mehr zur Literatur als zur Wissenschaft. Trotzdem muss man sich ja als Philosoph, der Sie sind, fragen: Wodurch unterscheide ich mich eigentlich von Kafka? Ich mache ja doch noch was anderes.

PS Ja, natürlich.

PT Was wäre das? Oder müsste man eigentlich sagen, was immer wir versuchen, wir schaffens nicht, was der Kafka kann. Wir sind eigentlich als Philosophen Lehrlinge der Schriftsteller und Dichter.

PS Ja, das wäre eigentlich das beste Kompliment, das man dieser Disziplin machen kann, was nebenbei gesagt im Blick auf den Kameraden Platon auch fast richtig ist. Denn er war ja ursprünglich Tragödiendichter in seinen jungen Jahren, hat erst nach der Begegnung mit Sokrates diese Disziplin aufgegeben.[29] Hat aber vom Theater her und vom Theaterschreiben her die dialogische Form beibehalten. Und das *Symposion* ist eigentlich neben einigen Stücken von Aristophanes immer noch die beste Komödie der ganzen antiken Über-

29 Diogenes Laertius: Leben und Meinungen berühmter Philosophen. Felix Meiner Verlag: Hamburg 1998, S. 151: »Als er [Platon] dann mit einer Tragödie in den Wettbewerb eintreten wollte, verbrannte er, des Sokrates Mahnungen folgend, seine Dichtungen vor dem Dionysischen Theater mit den Worten: Eile, Hephaist, zum Platon herbei, der deiner bedürftig.«

lieferung. Man spürt auch, dass er es den Komödiendichtern zeigen will in der ganzen Geschichte, wie sie angelegt ist, und wie der Reihe nach der Wettbewerb in den Lobreden auf den Eros angelegt ist, das ist große Dramaturgie.

PT Kann man Sie so verstehen, dass, wenn Sie Saint-Exuperys *Der Kleine Prinz*[30] übersetzen oder wenn Sie jetzt Libretti schreiben,[31] es für sie gewissermaßen eine Emanzipation auch auf der Ebene des poetischen Schreibens ist?

PS Ja, es ist so wie Mephisto am Ende der Gelehrten-Szene sagt: »Ich bin des trocknen Tones satt (*lacht*), Muß wieder recht den Teufel spielen.«[32] Ja, man muss der literarischen Sprache gelegentlich das ganze Feld überlassen, nicht? Und es nicht überfrachten mit fremder Materie. Andererseits die reine Erzählprosa befriedigt mich auch nicht, ich möchte schon, dass man auf jeder Seite etwas lernt.

PT Trotzdem ist doch Stil – »le style c'est l'homme«[33] – das ist für Sie sicher wichtig. Ich frage deshalb

30 Antoine de Saint-Exupéry: Der Kleine Prinz. Übersetzt von Peter Sloterdijk. Insel Verlag: Berlin 2015.

31 Vgl. https://petersloterdijk.net/2015/04/babylon-libretto/.

32 Johann Wolfgang von Goethe: Faust. Eine Tragödie. In: Ders.: Goethes Werke. Bd. III. Dramatische Dichtungen I. Textkritisch durchgesehen und kommentiert von Erich Trunz [Hamburger Ausgabe]. C.H. Beck: München 1986, S. 65.

33 George-Louis Leclerc de Buffon: Discours sur le style

etwas persönlich: Als ich 1983, mit 19 Jahren, die *Kritik der zynischen Vernunft* gelesen habe, war mir dieser andere, Ihr anderer Ton in Ihrem Schreiben sogleich gegenwärtig. Ich hatte mich damals von Nietzsche kommend mit Derrida und dieser ganzen noch lebendigen französischen Denktradition auseinandergesetzt, da war es mir ganz klar und ganz deutlich, dass es sich hier um ein auch für einen Philosophiestudenten ernstzunehmendes Projekt handelt. Aber noch heute ist es ja so, an deutschen Universitäten jedenfalls, dass, wenn man den Namen Sloterdijk hört, viele Kollegen, und das kann ich aus eigener Erfahrung sagen, vorsichtig werden, gelinde gesagt. Haben Sie unter dieser meiner Meinung nach völlig deplatzierten Ablehnung, die es da gibt, einmal gelitten?

PS Ja, das ist eine gute Frage. Ich sollte darunter gelitten haben, meine ich, aber kann mich nicht wirklich erinnern. Das hat vielleicht damit zu tun, dass ich, gerechtfertigt oder nicht, immer davon überzeugt war, dass diese Art, in den Ring zu steigen, auch eine Legitimität hat. Dazu wusste ich zu viel von anderen schreibenden Philosophen, nicht? Ich hatte schon ein gehöriges Pensum Kierkegaard gelesen, ich hatte Schopenhauer gelesen, ich hatte Nietzsche gelesen, auch

prononcé à l'académie française. Librairie Jacques Lecoffre: Paris 1872, S. 24: »Le style est l'homme même.«

Wittgenstein. Ich hatte Max Bense gelesen, schon sehr früh auch, das hat mich sehr beeindruckt, weil der diese ansonsten sehr seltene Synthese von Logik und Existenzialismus praktiziert hat. So eine – wie soll ich sagen – vitalistische Form von Mathematik. Das hat mich unendlich gefreut, immer wenn ich ihn gelesen habe. Von ihm kam ich dann auch auf so Leute wie Heinrich Scholz.[34] Das hat mir später dann wieder sehr genützt, denn so war ich innerlich vorbereitet auf die Autoren, auf denen *Sphären II* beruht, also die mathematische Form der Sphärologie, und da ist ja nach wie vor eines der maßgebenden Bücher von Mahnke über die *Unendliche Sphäre und den Allmittelpunkt*[35] des Seins eine Leibnizianisch inspirierte Arbeit.

PT Wenn Sie nicht darunter gelitten haben, um so besser. Aber würde man nicht in dieser Ablehnung des Stils oder der Ablehnung vielleicht der Selbstdarstellung, der gefühlten Selbstdarstellung eines Philosophen im universitären und akademischen Rahmen, kann man das nicht umgekehrt als eine große Krise und eine große Gefahr der akademischen Philosophie heute sehen,

[34] Heinrich Scholz (17. Dezember 1884 bis 30. Dezember 1956) war ein evangelischer Theologe, Philosoph und Logiker, der in den Dreißigerjahren mit dem englischen Informatiker Alan Turing in Kontakt stand.

[35] Dietrich Mahnke: Unendliche Sphäre und Allmittelpunkt. Niemeyer Verlag: Halle an der Saale 1937.

dass den unkonventionellen, vielleicht traumatisierten Leuten da kaum Platz eingeräumt wird?

PS Das finde ich auch sehr, sehr traurig. Aber das war von Anfang an so, nicht? Ich habe ja auch keinen Platz innerhalb der Academia angestrebt, sondern ich wollte nur meine schriftstellerische Libido realisieren und hatte die Intuition, dass das, was ich mache, eher auf dem Markt zuhause ist als in der Academia. Kann mich erinnern, da waren wir einmal eingeladen zu einer Veranstaltung, ich glaube, der Bertelsmann-Stiftung, wo einige hochmögende Leute über die Zukunft der Universität diskutiert haben. Da war ich auch mit eingeladen und ich hab damals die These entwickelt, dass die Zukunft der Universität die Literatur ist. Dass sich eigentlich das Entscheidende in der Literatur abspielt, allenfalls sozusagen in den Arbeitspapieren diskutierender Kollegen, aber die eigentliche literarische Form, mit der das Verhältnis von Geist und Gesellschaft sich organisiert, und zwar in der besten Weise organisiert, sei die Literatur. Das hat einen ziemlichen Eindruck gemacht. Und einige Kollegen sind dann als Nachredner aufgetreten und haben versucht zu beweisen, dass die Zukunft der Universität die Universität ist. (*lacht*) – Und heute kann ich ihnen ja nicht guten Gewissens widersprechen, weil ich selber 14 Jahre lang Rektor einer akademischen Institution war. Da kann man nicht auf sola litteratura setzen. Ich war 25 Jahre im öffentlichen

Dienst. Aber in einer typischen Enklave, nämlich an einer Kunsthochschule. Das macht dann doch eine deutliche Differenz aus. Man müsste mal das synoptisch erfassen, welche Arten von Publikationen von solchen Philosophen kommen, die das Orchideenfach Philosophie im Rahmen von Kunsthochschulen wahrnehmen.

PT Das scheint ja heutzutage durchaus ein Refugium geworden zu sein eben für diese Tätigkeit, die sich zwischen der Erkenntnis und der Literatur ansiedelt, was Sie ja tun, was ja Nietzsche vielleicht am reinsten auch vorgemacht hat, dass es keinen Gedanken gibt, der nicht eine spezifische sprachliche Form annehmen muss. Das wäre Ihr Ort, dieses Zwischen?

PS Ja, unbedingt. Weswegen ich selber nie mit einer nennenswerten Gegenpolemik auf das akademische Misstrauen geantwortet habe, weil ich auch den akademischen Autoren viel zu viel verdanke. Ich hatte immer ein sehr herzliches Verhältnis, wenn es auch nicht richtig ausgelebt war, ich hatte immer ein sehr herzliches Verhältnis, was Bewunderung einschloss und alles mögliche, aber vor allem auch viel Lektüre, zu Kurt Flasch, der für mich wirklich einer der großen ist. Der ist vollkommen ressentimentfrei. Der hat auch zur *Kritik der zynischen Vernunft* gesagt: Ah, da kommt ein neuer Ton, das sollte man beobachten. Der hat zum zweiten Band der *Sphären* gesagt, hier wird auch authentisches historisches Philosophieren wiederholt. Er hat ja dieses *Buch der 24 Philosophen* kürzlich noch einmal ediert und hat es sehr inspiriert neu übersetzt. Und darin gibts auch eine in meinen Augen natürlich sehr erfreuliche und bedeutende Fußnote, in der er meine Cusanus-Interpretation sehr gelobt hat.[36] Was will man mehr?

PT Ja natürlich, wenn so etwas von Kurt Flasch kommt. Das ist aber in Ihrem Fall natürlich eine bemerkenswerte Unaufmerksamkeit, denn Sie sind ein enzyklopädischer Mensch, ein enzyklopädisch Denkender, und das scheinen diese Kritiker eben gar nicht bemerken zu wollen, wenn sie da Ihnen irgendwelche Schauspielereien vorwerfen – aber vielleicht ist es ja auch das *Philosophische Quartett*, das man Ihnen nie verziehen hat.

PS Ach, das könnte ich auch glauben. – Es gibt ja auch viele, die den, wie heißt er? David sowieso Precht…

PT Ja, Richard David Precht, ja.

PS Wie?

PT Richard David Precht.

PS Richard David Precht verabscheuen, weniger wegen seiner Bücher, die sowieso nicht so ernst genommen werden, aber dass er sich nach wie vor

[36] Was ist Gott? Das Buch der 24 Philosophen. Übersetzt und kommentiert von Kurt Flasch. C.H. Beck: München 2011, S. 110ff.

im Fernsehen hält. Und ich habe vor kurzem aus Versehen, vor einer knappen Woche hier haben wir einmal im Fernsehen hin und her geschaltet, da war er gerade mit Juli Zeh im Gespräch. Ich hatte das Gefühl, er macht das gar nicht so schlecht. Er hat auch eine gewisse Gravitas hinzugewonnen in den letzten Jahren. Er spricht gut und klar. Und wenn man zugibt, dass unser Metier auch gute Popularisatoren brauchen kann, dann muss man gar nicht so gehässig über ihn reden. Aber auf der anderen Seite, er hat einmal auch so offenbar eine feste Animosität gegen mich entwickelt, man hatte ihm, glaube ich, zugetragen, ich hätte behauptet, er sei der André Rieu der Philosophie (*lacht*), was im Wortlaut nicht stimmt. Sondern ich hatte so argumentiert: Wenn das ZDF tatsächlich durch einen jüngeren Philosophen glaubt, auch jüngere Schichten der Fernsehzuschauer anzusprechen, dann ist das eine Fehlkalkulation, denn so wie André Rieu auch nicht von den Jüngeren gehört wird, obwohl auch junge Frauen in seinem Orchester sitzen, so werden auch die ZDF-Zuschauer dadurch nicht mehr mobilisiert. Und bei André Rieu sind es auch immer die postklimakterischen Frauen, die ihn gerne hören, und sagen: Mit den Männern ist es ja vielleicht wirklich nichts, aber die Musik hat mich nie enttäuscht. (*lacht*)

PT André Rieu macht seine Sache ja auch auf einem sehr hohen Niveau, insofern ist es ein Vergleich, der Herr Precht sogar...

PS Den hat er in die falsche Kehle bekommen, und er hat dann bei nächster Gelegenheit, ich weiß nicht mehr, in welchem Zusammenhang das war, gesagt, meine Äußerungen erinnern ihn an faschistische Zeiten. (*lacht*)

PT Das war über Ihre Kritik an Angela Merkels Flüchtlingspolitik, die hat ihn da, glaube ich, irgendwie gestört. – Ich komme noch einmal zurück auf die *Kritik der zynischen Vernunft*. Ich hatte ja vorhin schon gesagt, dass der erste Satz, mit dem dieses Buch anfängt, eigentlich eine gewisse Wiederholung dieses Satzes, dass Sie als Toter angefangen haben, darstellt. Sie sagen da nämlich: »Seit einem Jahrhundert liegt die Philosophie im Sterben, und kann es nicht, weil ihre Aufgabe nicht erfüllt ist.«[37] Würden Sie das heute – nach über 35 Jahren – noch sagen?

PS Ja, gut, das ist natürlich ein unendlich voraussetzungsreicher Satz, weil er eine Aufgabe annimmt und eine lange Agonie, aber vielleicht ist das der Modus, in dem die Philosophie überhaupt nur existieren kann, zumindest seit dem Idealismus ist es immer so eine Serie von letzten Philosophien. Weswegen ja auch zeitweilig namentlich

[37] Sloterdijk: Kritik der zynischen Vernunft. Bd. 1. A.a.O., S. 7.

in der Heidegger-Schule, in der phänomenologischen Bewegung, diese Überbietungsspiele gelaufen sind, bis hin zu Derrida. Den zu überbieten hat im Moment keiner Lust, aber Derrida selber hatte noch in Bezug auf Heidegger durchaus Lust, den nächsten Kreis zu öffnen.

PT Es gibt gewiss Schüler von Derrida, die sicher noch derridarianischer sind als Derrida selbst; aber gut, das sind keine Leute, die Derrida überbieten wollen, das stimmt.

PS Aber dieser erste Satz hat es insofern in sich, weil er für mein Gehör sozusagen das Echo auf den ersten Satz in Adornos *Negative Dialektik* enthält. Wie heißt es? »Philosophie, die einst überholt schien, erhält sich am Leben, weil der Augenblick ihrer Verwirklichung versäumt ward.«[38]

PT Sehr schön.

PS Mein Satz gibt eine Übersetzung aus dem Adornitischen ins Deutsche wieder. Ja wirklich, der Stil ist der Mensch. Diese Schraube, die in dem Adorno-Satz drin ist, die kann man ein bisschen entzerren, aber einen ähnlichen Gedanken ausdrücken, ohne dem etwas wegzunehmen und es trotzdem etwas verdeutlichen.

[38] Theodor W. Adorno: Negative Dialektik. Suhrkamp Verlag: Frankfurt am Main 1966, S. 13: »Philosophie, die einmal überholt schien, erhält sich am Leben, weil der Augenblick ihrer Verwirklichung versäumt ward.«

PT Könnte man nicht sagen, dass die Philosophie vielleicht immer als tote anfängt und deshalb nicht sterben kann?

PS Ja, mag sein. Und dass sie auch sich durch diese leichenhafte Sphäre hindurcharbeiten muss und dann wieder beginnen kann. – Aber die eigentliche Musikprobe für das, was kommt, steht ja auf den ersten 15 Zeilen. Das sind so wegwerfende Handbewegungen gegenüber alten Problemstellungen: Subjekt und Objekt, Welt und Ich. Das sind ja alles nur Vokabeln für junge Leute, nicht? (*lacht*) Und dann kommt eigentlich die große Musik herein, dann kommt nämlich das Gottfried Benn-Zitat: »Wort, Worte, Substantive, sie brauchen nur die Schwingen zu öffnen und Jahrtausende entfallen ihrem Flug.«[39] Ich würde sagen, das ist die große Konfession gleich am Anfang.

PT Ich verstehe. Sie bezeichnen dann auch die Philosophie da gleich zu Beginn als erotische Liebeslehre. Ja, Sie sagen »Wahrheitsliebe, Liebeswahrheit«, ja, »erotische Theorie«.[40] Ist das vielleicht die noch nicht erfüllte Aufgabe der Philosophie, ja, ich will nicht sagen, Liebe zu lehren, weil das nicht geht, man kann Liebe nicht lehren, aber Liebe zu verkörpern, selbst ein Liebesakt zu sein,

39 Sloterdijk: Kritik der zynischen Vernunft. Bd. 1. A.a.O., S. 7.

40 Ebd., S. 8.

selbst eine Liebkosung zu sein? Das sagt Novalis, glaube ich, mal, dass das Philosophieren ein Liebkosen, ein caresser, sei.[41] Würden Sie das als die Aufgabe der Philosophie bezeichnen?

PS Ja, Philosophie hat mit der Musik etwas gemeinsam. Die Musik erinnert den Hörenden daran, dass Hören ein Können ist. Das ist keine passive Beschallung, sondern das Hören, das richtige Hören, ist ein Er-hören. Die bedeutende Musik macht an Dein Hörvermögen ein Angebot, bei dem eine glückliche Erinnerung an die Fähigkeit zu hören, stattfindet. Und ich meine auch, dass die Philosophie, in der Art und Weise, wie sie Gegenstände behandelt und überhaupt Gegenstände aufbaut und Vergegenständlichungen als solche sichtbar macht, so etwas wie eine glückliche Wiederanknüpfung mit der Intelligenz ist, die meistens brachliegt, ja? Und bei einem schönen Vortrag oder bei einem gut durchgeführten Paragraphen sich ein Glücksgefühl einstellen muss.

PT Das Hören, genau, ist ein Können. Es gibt also wirklich eine Gehör-Bildung.

PS Ja, das stimmt.

[41] Novalis: Schriften. 2. Bd. Das philosophische Werk I. Hrsg. von Richard Samuel. Verlag W. Kohlhammer: Stuttgart, Berlin, Köln und Main 1981, S. 524: »Im eigentlichsten Sinn ist philosophieren – ein Liebkosen – eine Bezeugung der innigsten Liebe zum Nachdenken, der absoluten Lust an der Weisheit.«

PT Das finde ich sehr interessant, dass Sie das gesagt haben. Und die Musik ist auch eine Liebkosung oder zumindest eine spezifische Musik ist diese zarte Gewalt?

PS Ja, sie ist auch Zudringlichkeit, nicht? Aber die Musik – für die gilt das ganz ähnlich, was Celan in seiner Meridian-Rede sagt: Sie zwingt sich nicht auf, sie setzt sich aus. Was vor dem Hintergrund des Französischen s'imposer / s'exposer formuliert wird.[42]

PT Ja, sich aussetzen, da wären wir wieder bei dem Schmerz, nicht wahr?, bei der Trauer, bei der Traumatisierung. Die gehört eben zur Liebe hinzu. Der Schmerz gehört zur Liebe hinzu.

PS Ja, das glaube ich schon. Weil wir ja als Individuen die Reste von einer aufgelösten Dyade sind. Und das kann nicht ganz ohne Trennungsschmerz vollzogen werden. Allerdings in sehr, sehr verschiedenem Ausmaß; man staunt, wie robust manche Menschen durchs Leben stapfen, und wie andere mit einer Empfindlichkeit ausgestattet sind, die es ihnen mit knapper Not erlaubt, sich selber zu ertragen.

42 Paul Celan: Der Meridian und andere Prosa. Suhrkamp Verlag: Frankfurt am Main 1983, S. 34: »La poésie ne s'impose plus, elle s'expose. 26.3.69«

PT Sie nennen die »Panzerseelen«,[43] auch im Vorwort der *Kritik der zynischen Vernunft*. Man kann nur sagen: Schildkröten philosophieren nicht.

PS (*lacht*) Ja, das sind auch in der Regel nicht die Philosophen, die sich Schildkröten halten, (*lacht*) sondern solche, die am Prinzip des Panzers irgendwie Gefallen finden.[44] Da läuft so eine Linie von Ernst Jünger zu dem Jan Fabre.[45] Kennen Sie den, diesen belgischen Aktionskünstler?

PT Nein, den kenne ich nicht.

PS Ja, der auch so ein sehr explizites Käfertheater betrieben hat, unter anderem auch einmal im Hof des Papstpalastes von Avignon während des Theaterfestivals, wo er eine sehr verwirrende Show mit blutenden Käfern, so Großkäfern in Masken und nackten Frauen und allen möglichen Verletzungswerkzeugen, aufgeführt hat. Er spielt da immer mit dem Verhältnis von Panzer und Wunde und solchen Dingen.

PT Es ist klar, dass es da eine Dialektik gibt. Der Panzer setzt ja auch eine gewisse Sensibilität voraus. Das ist klar.

PS Ja, klar. Ja, ja. – Das geht aus der Einsicht hervor, dass Welt und Leben insgesamt Situationen

43 Sloterdijk: Kritik der zynischen Vernunft. Bd. 1. A.a.O., S. 20f.

44 Ernst Jünger hielt sich in seinem Wilflinger Garten eine Schildkröte.

45 Jan Fabre (geboren am 14. Dezember 1958) ist ein belgischer Künstler.

einschließen, in denen man sich verwundet. Das wäre ja auch die Definition, die ich für das allgemeine Phänomen der Immunsysteme vorgeschlagen habe, dass sie verkörperte Verletzungserwartungen sind. Und ein Schild und ein Panzer sind auch Materialisierungen von Verletzungserwartungen, das heißt, dass wir auch angeborene Immunsysteme haben, geht darauf zurück, dass jeder mammiferische Körper weiß, beim In-der-Welt-sein blutet man, und beim In-der-Welt-sein wird man selber Invasionsgebiet für Mikroben, die sich auf Deine Kosten ausbreiten wollen, nicht? Und diese Erwartungen sind offenbar schon so tief formuliert, dass sie angeboren mitgegeben werden, das eine als Fähigkeit der Blutgerinnung, die offenbar eine Tätigkeit der inneren Klinik ist, nicht? Und die Fähigkeit der Antikörper, die am Ende des 19. Jahrhunderts zum ersten Mal beschrieben worden sind, die sind darauf spezialisiert, Eindringlinge zu neutralisieren.

PT Dann müsste man sagen, dass diejenigen, die sich aussetzen, was ja ganz offensichtlich auch noch eine andere Tätigkeit ist, als sich einen Panzer wachsen zu lassen, dass die ganz besonders auf diese Selbstheilungskräfte angewiesen sind.

PS Ja, aber nicht unbedingt als Individuum, sondern die großen Selbstverletzungsriten, die wir zum Beispiel kennen bei australischen Regenerationsritualen, die feiern meistens einmal im Jahr ein

Fest, bei dem die Reproduktionsenergie ihres Totemtieres zelebriert werden soll. Und bei vielen dieser Zeremonien verletzen die sich selber so schwer, dass sie manchmal als einzelnes Individuum sterben, die bohren sich mit, was weiß ich, mit Messern und irgendwelchen spitzen Steinen Löcher in den Kopf oben, und das soll in der Regel so weit gehen, bis alle blutüberströmt dastehen, und dieses Blut wird dann als Befruchtungsopfer für das Totem verausgabt.

PT Da schließt sich wohl der Kreis von Geburt und Tod.

PS Aber wenn sie es überstehen, das wird zum mindesten berichtet von den Missionaren oder den Ethnologen, die in Australien gereist sind, in der Zeit, bevor Durkheim dann die Summe aus deren ethnologischen Berichten gezogen hat,[46] die haben übereinstimmend berichtet, dass sie am Ende erschöpft, aber sehr gut gelaunt aus diesen Zeremonien hervorgehen, dass die überwiegende Stimmung Freude und gehobener Elan ist.

PT Da scheint auch eine Katharsis stattgefunden zu haben. – Zurück noch einmal zum Tod. Philosophie ist sterben lernen, wenn wir schon sagen, dass die Philosophie als tote angefangen hat, dann ist Philosophieren sterben lernen,[47] denken

46 Émile Durkheim: Die elementaren Formen des religiösen Lebens. Das totemistische System in Australien. Insel Verlag (Verlag der Weltreligionen): Frankfurt am Main 2007.

47 Platon: Phaidon. Sämtliche Werke IV. A.a.O., 64a:

Sie an den Tod, denken Sie an Ihren Tod, denken Sie zum Beispiel darüber nach, wo Sie begraben werden wollen?

PS Ja, das tue ich in der Tat, aber ich hab keine Lösung. Außerdem lehne ich den Tod doch weitgehend ab. Ich bin da vielleicht auch durch Elias Canetti ein wenig verdorben worden, der diese Option popularisiert hat, sich auf den Tod gar nicht erst einzulassen.[48] Aber leider denke ich an ihn, nicht?

PT Also das wäre dann so, dass der beste Tod für Sie, wie, glaube ich, Julius Cäsar sagt, der unerwartete ist,[49] der Sie dann mitten im Leben erwischt, wo immer Sie sich auch befinden und was Sie früher darüber gesagt haben, das ist ganz gleichgültig, und dass man dann Ihre Leiche, den Rest, Heraklit sagt das, wie Mist wegwerfen kann?[50]

»Nämlich diejenigen, die sich auf rechte Art mit der Philosophie befassen, mögen wohl, ohne daß es freilich die Andern merken, nach gar nichts anderm streben, als nur zu sterben und tot zu sein.«

48 Elias Canetti: Über den Tod. Hanser Verlag: München 2003.

49 Die Sprichwörter und sprichwörtlichen Redensarten der Deutschen. Nebst den Redensarten der Deutschen Zech-Brüder und Aller Praktik Großmutter, d.i. der Sprichwörter ewigem Wetter-Kalender. Hrsg. von Wilhelm Körte. F.A. Brockhaus: Leipzig 1837, S. 449.

50 Die Fragmente der Vorsokratiker. Griechisch und Deutsch von Hermann Diels. Erster Band. Weidmannsche Buchhandlung: Berlin 4/1922, B 96: »Denn Leichname soll man eher wegwerfen als Mist.«

PS Ja, ich gehe mal davon aus, dass ich dann dazu nicht mehr Stellung nehmen müsste (*lacht*). Aber, hm, – ja, der beiläufige Tod, ist, glaube ich, das Ideal, nicht? Glaube, Žižek hat einmal in einem Radiogespräch mit mir, als, meine ich, Scobel uns gefragt hatte, wie wir über den Tod denken, geantwortet: Er möchte von einem Freund im Schlaf umgebracht werden.

PT Das hat Althusser mit seiner Frau gemacht.

PS Ja, genau (*lacht*). Aber ich glaube, er hat nicht an ein Erwürgtwerden gedacht, sondern dass er mit einer für ihn im Schlaf unspürbaren Spritze weggeschickt wird; so mit Woody Allen gesprochen: Ich habe keine Angst vor dem Tod, ich möchte nur nicht dabei sein, wenn es passiert.[51] Aber ich glaube, wir riskieren dabei zu sein, das ist ein ziemlich hohes Risiko. Es sei denn, der Hofrat Behrens hat recht, wenn er sagt: Glauben Sie mir, ich kenne den Tod, ich bin ein alter Angestellter von ihm, mit dem Tod hat es gar nichts auf sich, sondern es gibt Geburt und Tod, dazwischen liegen Erlebnisse, alles andere geht uns nichts an.[52]

51 Ein bon-mot aus Woody Allens Theaterstück »Tod« von 1975. Vgl. Theater heute. 4/1981. Thema: Woody Allen: Tod.

52 Thomas Mann: Der Zauberberg, S. 700: »›Ich kenne den Tod, ich bin ein alter Angestellter von ihm, man überschätzt ihn, glauben Sie mir! Ich kann Ihnen sagen, es ist fast gar nichts damit. [...] Wir kommen aus dem Dunkel und gehen ins Dunkel, dazwischen liegen

Das glaube ich aber auch nicht ganz, weil der Tod einfach einen starken Schatten wirft, und in der Antizipation immer schon da sein kann. Heidegger hat ja sogar daraus, ein, *das* Hilfsmittel der Philosophie zu machen versucht, in einem Stadium seiner Reflexion, als müsste man erst einmal an die Front eilen, an der man dem Geschoss begegnet, das Dich aus dem Dasein hinwegrafft, und dann von der Front zurückkehren, wie einer, der getroffen wurde, nicht vom Geschoss, aber von der Möglichkeit des Getroffenwerdens.

PT Man könnte das auch als eine Form der Sensibilisierung auffassen, dass man schon getroffen sein muss, um wirklich zu philosophieren. Wie Hannah Arendt sagt, dass erst das gebrochene Herz anfängt zu leben.[53] Das wären doch solche Figuren, dass wir, wie Sie vorhin gesagt haben, offen sind, dass es eine Offenheit gibt für die Negation, für das Negative. Jemand, der nicht getroffen ist, wird sich auch für das Treffen nicht interessieren.

PS So ist es, ja. Während umgekehrt Camus in dem Buch, in dem er das Problem des Selbstmords

Erlebnisse, aber Anfang und Ende, Geburt und Tod, werden von uns nicht erlebt […].‹«

53 Hannah Arendt: Über die Revolution. Piper Verlag: München 1965, S. 124: »Sehen wir einmal von der Funktion, die Rousseaus *âme déchirée* für die Bildung der ›volonté générale‹ gehabt hat, ab, so liegt die Erfahrungswahrheit darin, daß das Herz erst wirklich zu schlagen anfängt, wenn es gebrochen ist oder wenn seine Kräfte miteinander in Konflikt geraten sind.«

diskutiert, einen Landsknechthauptmann des 16. Jahrhunderts in Erinnerung ruft, der hieß, glaube ich, La Palisse, und von dem weiß man eigentlich nichts, außer dass seine Truppe ihn sehr geliebt hat, weil er ein fröhlicher und sehr mutiger Mann war. Und als er in der Schlacht gefallen war, haben seine Leute ein Lied auf ihn gedichtet mit dem Refrain: »Eine Viertelstund vor seinem Tod / Da war er noch am Leben.«[54] (*lacht*)

PT Das ist in der Tat eine seltsame Beobachtung. (*lacht*) – Dieser Bestimmung des Denkens würden Sie dann doch misstrauen, wenn ich das richtig verstehe, dass Philosophie sterben lernen sei. Das klingt auch wenig so, wie Philosophieren sei Lieben lernen. Da bleiben Sie doch zurückhaltend?

PS Ja, würde ich schon. Ich stimme dem zu, dass es gar nicht um das Lernen geht. Es geht darum, zu entdecken, dass die Liebe schon wartet, weil ja der Liebe eine Trennung vorausgeht. Solange ich in der Illusion der Ungetrenntheit, das heißt der Illusion der Selbstvollständigkeit lebe, wird es mit der Liebe nichts. Vor allem weil man gar kein Bedürfnis nach ihr empfindet. Man sieht dann andere Leute lieben und sagt sich, komisch, die haben Erlebnisse, die ich nicht habe. Das war übrigens bei Andy Warhol der Fall, nicht? Der

[54] Albert Camus: Der Mythos des Sisyphos. Rowohlt-Verlag: Reinbek bei Hamburg 1999, S. 194.

wusste gar nicht, wovon die Freunde um ihn herum reden, die alle Psychoanalyse machen, und er hat eines Tages sich gesagt: Ich hätte auch gern so interessante Probleme! Und dann hat er sich ein Tonband gekauft und hat behauptet, er hätte das Tonband geheiratet und hat mit ihm ständig geredet. Und er sagte auch, Mensch, viele Leute verstehen nicht, wenn ich sage »wir«: I mean my tape-recorder and me.[55] (*lacht*) Ich glaube, es ist wirklich so, es geht nicht um ein Lernen, sondern um die Entdeckung, dass er schon da ist, dass der Tod schon da ist. Dass er schon einmal seinen Schatten vorausgeworfen hat, dass man schon einmal in einer Beklemmung war, die ihm sehr ähnlich sah.

PT Naja, Platon hat Sokrates so inszeniert, dass er eben im *Phaidon* schon korrekt sterben konnte, aber trotzdem weinen alle, nicht wahr? Alle weinen, und lassen sich nicht darauf ein, selbst wenn Sokrates sie zur Ordnung ruft, sie sollten aufhören zu weinen, sie weinen trotzdem.[56] Das heißt doch…

55 Vgl. Gustav Stadler: »My Wife«: The Tape Recorder and Warhol's Queer Ways of Listening. In: Criticism. Vol. 56, No. 3, Andy Warhol (2014), S. 425–456.

56 Platon: Phaidon. A.a.O., 117c: »Und von uns waren die meisten bis dahin ziemlich im Stande gewesen sich zu halten, daß sie nicht weinten; als wir aber sahen, daß er trank und getrunken hatte, nicht mehr. Sondern auch mir selbst flossen Tränen mit Gewalt, und nicht tropfenweise, so daß ich mich verhüllen mußte, und mich

PS Sie lernen es nicht.

PT Nein, sie lernen es nicht. Also ganz offensichtlich sind der Tod und die Liebe etwas, das sich nicht rationalisieren lässt und das vielleicht deshalb für viele Philosophen so verführerisch ist.

PS Ja, wenn man den Tod können könnte, dann sähe eigentlich alles ganz anders aus. Ich glaube, dass diese Meditation von Camus dieses latente Thema des gekonnten Todes behandeln wollte unter dem vielleicht irreführenden Begriff Suizid – und mit dieser schönen hyperbolischen Behauptung, dass er das einzige Problem der Philosophie sei.[57]

PT Das ist nach wie vor eine rätselhafte Behauptung. – Noch einmal zum Ort. Wenn ich mich erinnere, hatten Sie zu Anfang behauptet, dass das Haus, die Kugel, auch ein wenig als Schutz eines solchen In-Seins wichtig sei. Wäre das vielleicht ein Wunsch, den Sie hätten, dass das Sterben in so etwas stattfindet, in so einer Kugel, als eine Rückkehr in die Mutter?

PS Das ist eine Hülle, ja. Ich glaube, dass es auch ein Urgedanke ist, der bei der Entstehung der

ausweinen [...] nur Sokrates selbst, der aber sagte: Was macht ihr doch, ihr wunderbaren Leute! ich habe vorzüglich deswegen die Weiber weggeschickt, daß sie dergleichen nicht begehen möchten; denn ich habe immer gehört, man müsse stille sein, wenn einer stirbt.«

57 Camus: Der Mythos des Sisyphos. A.a.O., S. 11: »Es gibt nur ein wirklich ernstes philosophisches Problem: den Selbstmord.«

steinzeitlichen Religionen eine Rolle gespielt hat, wenn nämlich das Grab und der Mutterschoß symbolische Äquivalente sind, auch topologische Äquivalente, dass das ganze Frauen-Geheimnis irgendwie auch darin beruht, dass sozusagen das nichtaufgeklärte Frauen-Innere so unter Friedhofsverdacht steht, ja? Da könnte man ... So wie der *Lindenbaum*: »Komm her zu mir, Geselle / Hier find'st Du deine Ruh.«[58] Und der Lindenbaum ist natürlich so ein überwältigendes Lebensbaum- und Herzblatt- und Uterus-Symbol. »Komm her zu mir, Geselle, hier find'st du deine Ruh.« Und der Baum, obwohl er maskulin ist, stellt eine weibliche Funktion dar, weil er Schatten gibt und Ruhe spendet und in seiner Form die mögliche Integrität des Lebens symbolisiert. –

PT Ja, wir haben mit einem Baum begonnen und wir enden mit einem Baum.

PS Oh ja. Wir sind von der Platane zur Linde gekommen. (*lacht*)

PT Dann schließt sich der Kreis am Mittag.

PS Ja, blendet jetzt nicht die Sonne zu stark mit der Zeit?

[58] So in Franz Schuberts »Winterreise« im Lied »Der Lindenbaum«.

S. 2

Die Platane vor dem Haus in Chantemerle-lès-Grignan.

S. 11

Peter Sloterdijk, Peter Trawny und die Hündin Jule.